AF602788

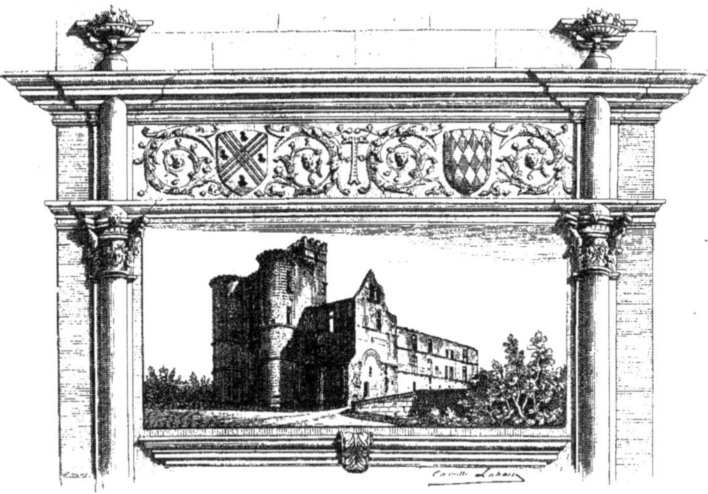

VOUNEUIL-SUR-VIENNE

(VIENNE)

1° *Le château de Chistré, façade du levant;*
2° — *grand Salon de réception des Chasses;*
3° — *la Chapelle et la Façade ouest;*
4° *Château du Fou, la Porte d'entrée à l'est;*
5° — *la Cour d'honneur, vue prise sur la Terrasse au sud;*
6° *Bonneuil-Matours, le Bourg et le Moulin, vue prise de la Vienne en aval.*

INDICATIONS PRÉLIMINAIRES

Vouneuil-sur-Vienne est le chef-lieu d'un canton de l'arrondissement de Châtellerault, comprenant huit communes, situé au sud de cet arrondissement et à cheval sur les rivières du Clain, de la Vienne et de l'Auzon. Ce canton, de forme assez irrégulière, mesure deux myriamètres et demi de l'est à l'ouest, et un myriamètre environ du nord au sud. La population est, d'après le dernier recensement, de 8,536 habitants, et son étendue d'un peu plus de 14 kilomètres carrés qui, selon M. de Longuemar (1), se répartissent de la façon suivante : 11,503 hectares en céréales, 1,264 en prés, 803 en vignes, 124 en jardins, 2,669 en bois et 4,215 en brandes. Il est formé : sur la rive droite de la Vienne, par le plateau argilo-marneux que traverse la vallée d'Auzon, et dont l'élévation moyenne au-dessus de la mer est de 140 mètres; entre la Vienne et le Clain, par les croupes de marnes et de sables verts couronnés d'argiles et de marnes qui se prolongent vers le confluent de ces rivières, avec une altitude égale à la précédente, vers le sud, mais beaucoup moindre au nord. Sur la rive gauche du Clain, on ne rencontre que le massif crayeux de Beaumont, qui atteint 153 mètres au nord-ouest.

(1) *Géographie populaire du département de la Vienne.*

Le sol en est donc suffisamment ondulé et se présente sous des aspects agréables et variés, encore embellis par les eaux des trois rivières qui l'arrosent. De bonnes routes longent la Vienne et le Clain; une station du chemin de fer de Paris à Bordeaux dessert le bourg de la Tricherie, qui est placé à la base du coteau de Beaumont.

Outre le chef-lieu, le canton de Vouneuil compte sept communes, qui sont : Archigny, *Archinniacus;* Availles, *Avalliacus;* Beaumont, *Bellus mons;* Bellefont, *Bella fons;* Bonneuil-Matours, *Parrochia de Bonolio-Monasterio, Bonolium;* Cenon, *Villa-Senona;* Montoiron, *de Monte-Oram, de Montoiran.* Cette dernière localité devint, en 1790, le chef-lieu d'un canton dépendant du district de Châtellerault et qui subsista jusqu'au 18 novembre 1801, où le nombre des cantons de la Vienne fut, par arrêté des consuls, réduit de 49 à 31.

Plusieurs de ces communes offrent des monuments intéressants :

Archigny. — Un dolmen appelé Petra-Sopeize, et la chapelle de l'abbaye de l'Étoile, ordre de Cîteaux, fondée au XIIe siècle et décorée de peintures murales du XVIe siècle.

Availles. — Un tronçon de la voie romaine allant de Poitiers à Tours. On y a trouvé, au lieu appelé les Minaires, des sépultures romaines avec vases antiques et monnaies de Constantin, même des portions de murailles et des fragments de sculptures.

Beaumont. — Les ruines pittoresques de la tour de Beaumont, et les châteaux de Baudiment et de Rouhet, sur lesquels M. Modeste Lahaire a donné d'intéressantes notices dans trois livraisons de la présente publication.

Bellefont. — L'église romane de Saint-Pierre-ès-Liens et deux souterrains curieux.

Bonneuil-Matours. — Intéressante église romane et sites délicieux, au milieu desquels ont été élevés les deux jolis châteaux modernes de Cremau et de Mariville. Dans ce dernier, Mme la baronne de Champchevrier a réuni une curieuse collection d'objets d'art, dont plusieurs morceaux ont figuré avec honneur à l'Exposition de Poitiers de 1887. (Voir pl. 6.) Ce charmant coin des rives de la Vienne semble avoir été fort apprécié des Gallo-Romains, car on y rencontre de très nombreux fragments de briques à rebord, et les moindres fouilles mettent au jour des portions de murs en petit appareil. Dans la plaine où est le bourg de Bonneuil-Matours, on voit les traces d'une importante villa romaine; à l'époque de la moisson, une partie du plan s'accuse très bien par une récolte moins bonne et une maturité plus hâtive. Le savant Père de La Croix a trouvé dans le bourg même des tombeaux mérovingiens.

Cenon. — Il a existé en ce lieu un atelier monétaire dont on possède un triens mérovingien, qui donne la forme *Sanonno.* Sur la limite ouest de la commune, à peu de distance du Clain, se voient les restes d'une ancienne station romaine, appelée depuis longtemps le Vieux-Poitiers. Le seul monument encore apparent au-dessus du sol est une sorte de tour carrée, en petit appareil, de 14 mètres de hauteur, mesurant à l'intérieur 5[m]25 sur 4[m]66; mais, tout à l'entour, on a rencontré des substructions antiques; le sol est mélangé d'innombrables fragments de tuiles à rebord, de pierres sculptées et de tessons de poteries également antiques. Tout prouve donc qu'il a existé là une ville romaine assez considérable. D'après un plan levé en 1820, par M. Masson, ingénieur, elle aurait affecté la forme d'un parallélogramme allongé, bordé d'un côté par le Clain, de l'autre par les collines qui dominent la plaine s'étendant entre le Clain et la Vienne. Sa longueur était de 1,200 mètres, et sa largeur de la rivière aux collines, de 650 mètres environ.

Non loin des bords du Clain s'élève encore un menhir de 2[m]66 de hauteur, sur une des parois duquel est gravée, en capitales romaines, mais en langue celtique, une inscription qui a fort exercé l'érudition et la sagacité des philologues. Le savant celtiste, M. Pictet, de Genève, l'a successivement lue et interprétée de trois façons différentes. Le seul mot dont la traduction paraisse bien certaine est le dernier, IEVRV, qui signifie *fecit.*

Montoiron. — Ancienne châtellenie, qualifiée baronnie dans la réformation de la coutume du Poitou en 1559. Le vieux château, dont relevaient 78 fiefs, se dresse encore à l'est du bourg, près de la rivière d'Auzon.

La commune de Vouneuil, devenue le chef-lieu du canton de ce nom, est formée de l'ancienne paroisse de Vouneuil-sur-Vienne et de celle de Moussay, moins la section de Baudiment, qui a été réunie à Beaumont le 20 avril 1820. Moussay est appelé *Musciacus* en 673, *Mulciacus* en 942, Moussay en 1438. On le trouve aussi désigné sous le nom de Moussay-la-Bataille, en souvenir, dit-on, de la victoire remportée par Charles-Martel sur les Sarrasins, en 732. Aucun texte n'est venu jusqu'à présent confirmer cette supposition; mais il est permis de croire que cette grande lutte, qui dura probablement plus d'un jour, commencée aux environs de Tours, se prolongea jusqu'aux bords de la Vienne. Toujours est-il qu'une ferme de la localité porte encore le nom de « *la Bataille* ».

Le chef-lieu de la paroisse, agréablement situé sur la rive droite de la Vienne, compte 1,629 habitants, et contient quelques maisons modernes assez proprement bâties; mais on n'y rencontre point de ces vieux logis aux pignons aigus et aux fenêtres garnies d'élégants meneaux qui récréent l'œil de l'archéologue. L'église elle-même est moderne. Livrée au culte en 1867, elle a été consacrée, la même année, par Mgr Pie, évêque de Poitiers. L'ancienne, qui a disparu, s'élevait au milieu du bourg.

Cependant, Vouneuil est une ancienne localité qu'on trouve mentionnée dès 909, sous la forme *ex curte Vodenogilo;* en 950, *villa quæ vocatur Vonodolium; ecclesia de Voenol,* 1080; *de Voonolio,* 1119; *de Vonolio,* 1149; Vonnuy-sus-Vienne, 1337; Vouneuil-sur-Vienne, 1418.

Avant la Révolution, Vouneuil faisait partie de l'archiprêtré de Châtellerault, de la châtellenie, de la sénéchaussée et de l'Élection de Poitiers. La cure, dont l'érection est postérieure à 1324, était à la nomination de l'abbé de Saint-Cyprien. En 1324, c'est Savigny, et non Vouneuil, qui est le chef-lieu et figure sur la liste des paroisses de la châtellenie de Poitiers. Savigny est aussi une très ancienne localité, mentionnée dès 900 dans le cartulaire de Saint-Cyprien, sous la forme *Saviniacus.* Au XIIIe siècle, il y existait un prieuré dont le fief relevait de la baronnie de Chauvigny. L'église subsiste en partie; les voûtes sont effondrées; mais le portail est encore debout et paraît du XVe siècle.

Cette localité ne mériterait guère de figurer dans notre galerie poitevine si l'on ne rencontrait sur son territoire deux châteaux véritablement dignes d'intérêt, à des titres divers. Ce sont ceux de Chistré et du Fou. Le plus anciennement connu des deux est celui de Chistré, que l'on trouve mentionné dès le IXe siècle.

CHATEAU DE CHISTRÉ

HISTOIRE — SEIGNEURS DE CHISTRÉ

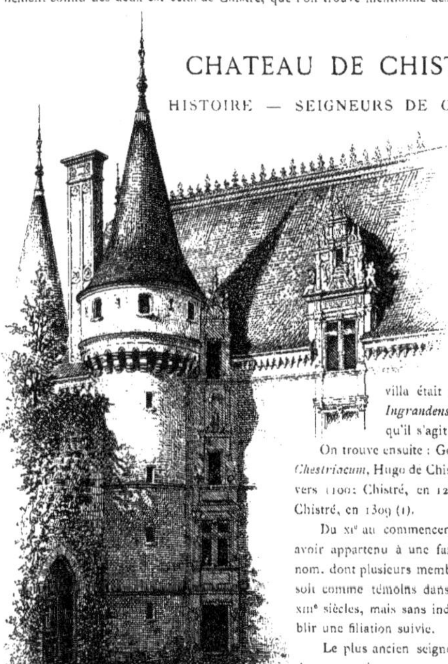

Le nom de Chistré, *Christriacus, Kastriacus,* apparaît dans les documents dès le IXe siècle. Un texte de 899 donne la forme *Chistriacus-Villa.* Parmi les terres dont Richard, trésorier de la cathédrale de Poitiers, dote une chapelle qu'il fonde dans son alleu de Savigny-sur-Vienne, au milieu du Xe siècle, on voit mentionnée *una quarta terræ in villa Kastriaco.* Un autre document de 942 nous apprend que cette villa était située *in pago Pictavo, in vicaria Ingrandense.* C'est donc bien de notre Chistré qu'il s'agit.

On trouve ensuite : Goffredus de *Chistrico,* vers 1077; *Apud Chestriacum,* Hugo de Chistrée, vers 1090; *capella de Chistriaco,* vers 1100; Chistré, en 1237; *Chitreyum,* en 1298; la tour de Chistré, en 1309 (1).

Du XIe au commencement du XIVe siècle, cette terre paraît avoir appartenu à une famille d'ancienne chevalerie, du même nom, dont plusieurs membres sont cités, soit comme donateurs, soit comme témoins dans les chartes poitevines des XIe, XIIe et XIIIe siècles, mais sans indications précises qui permettent d'établir une filiation suivie.

Le plus ancien seigneur de Chistré que l'on connaisse est Airaud, qui, vers 1077, se voyant arrivé à la fin de sa carrière, reçoit, au château de Preuilly, l'habit de saint Benoît, des mains de Pierre, abbé de Nouaillé, en présence de Hugues, Geoffroy et Guillaume de Chistré, probablement ses fils. Hugues est un peu plus tard témoin d'un règlement fait entre Ranulphe de Bellefonds et Renaud, abbé de Saint-Cyprien de Poitiers. Vers 1090, imitant l'exemple de son père, il se fait moine

(1) *Dictionnaire topographique de la Vienne,* par M. Rédet.

dans l'abbaye de Saint-Cyprien, à laquelle il donne toute sa dîme de Chistré et le cours de la Vienne, avec ses pêcheries, depuis l'écluse des moines de Savigny-sur-Vienne jusqu'à celle de l'évêque de Poitiers.

Ensuite, viennent plusieurs seigneurs de Chistré, dont la plupart portent les noms d'Airaud, de Hugues et de Guillaume, parmi lesquels on remarque, en 1237, Hugues Potens et Robert de Saint-Germain qui, sans doute, étaient seigneurs de partie de la terre de Chistré, par suite de mariages avec des filles de la maison de ce nom. Tous deux, avec le consentement de leurs femmes, Persie et Marguerite, dotent le prieuré de Chistré de la tierce partie des décimes, qu'ils levaient sur les vignes situées dans la censive de la seigneurie, en exceptant les vignes du clos de Chistré, à condition que le prieur célébrerait le service divin dans la chapelle priorale, à l'intention des donateurs. C'est la première mention que l'on rencontre de ce prieuré, qui a subsisté jusqu'à la Révolution.

Au commencement du XIVe siècle, Chistré passe dans une autre famille. En 1309, Anne ou Jeanne de Chistré était dame de la tour dudit lieu, tandis que Guillaume et Hélion de Chistré possédaient d'autres portions de la terre. Elle paraît avoir épousé, vers cette époque, Jean Le Bœuf, auquel elle apporta sa part de la seigneurie. Mais Hugues Le Bœuf, fils et héritier du précédent, ayant abandonné le parti du roi de France pour suivre celui du roi d'Angleterre, eut sa terre confisquée, pour crime de félonie, par Jean, duc de Berry et comte de Poitiers, qui la donna, en 1340, à Pierre de Viesbourg.

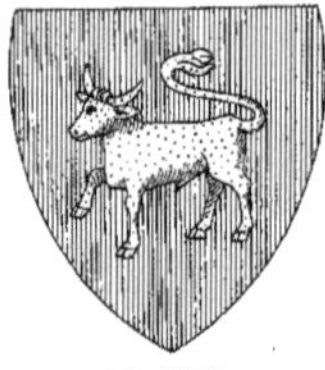

LE BŒUF.

VIEUX-BOURG.

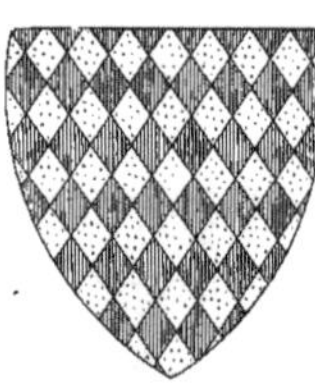

TURPIN.

Celui-ci la vendit, par contrat du 4 septembre 1378, à Guy Turpin de Crissé, d'une noble famille angevine, qui devait posséder Chistré pendant plus d'un siècle.

Guy Turpin, cinquième du nom, fonda, en 1386, une chapellenie dans la collégiale de Saint-Martin de Tours. Après avoir épousé en premières noces, vers 1360, Marie de Rochefort, fille de Thibaud, baron de Rochefort et de Marie de Montbazon, il prit, pour seconde femme, Marguerite de Thouars, fille de Louis, seigneur de Thouars et de Jeanne de Dreux. De son premier mariage il eut :

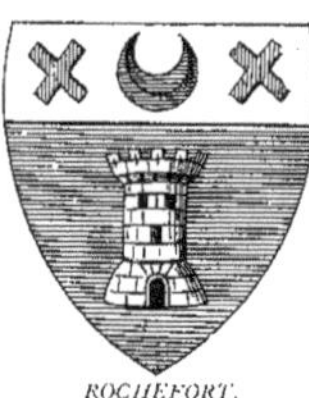

ROCHEFORT.

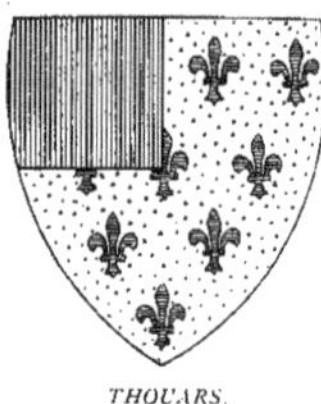

THOUARS.

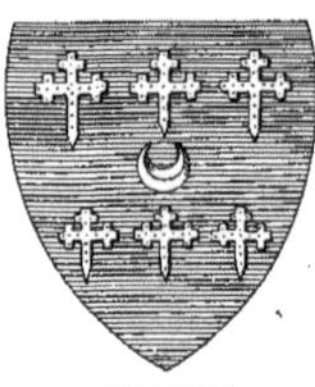

SANCERRE.

Lancelot Turpin de Crissé, seigneur de Chistré, chambellan des rois Charles V et Charles VI. Comme son père, il eut deux femmes : la première, épousée en 1388, fut Jeanne de Sancerre, fille de Jean de Bueil, comte de Sancerre, et de Marguerite de Marmande ; la seconde, en 1398, était Denise de Montmorency, fille de Charles de Montmorency, maréchal de France, et de Pernelle de Villiers de l'Isle-Adam. De ce second mariage vint, entre autres enfants :

Antoine Turpin de Crissé, seigneur de Chistré, qui vivait en 1443 et fut père de :

Guy Turpin de Crissé, seigneur de Chistré, marié à Jeanne de la Grézille, fille de Godefroy de la Grézille, dont naquit :

Jacques Turpin de Crissé, seigneur de Chistré, chambellan du roi Charles VIII, qui épousa, en 1490, Louise de Blanchefort, fille de Jean de Blanchefort, seigneur de Saint-Janvrain, et d'Andrée de Noroy. Il en eut plusieurs enfants, dont le troisième fut Anne Turpin, dame de Chistré, mariée à Charles Tiercelin, seigneur de la Roche-du-Maine, chevalier de l'ordre du Roi et gentilhomme de sa chambre, qui devint, par ce mariage, seigneur de Chistré.

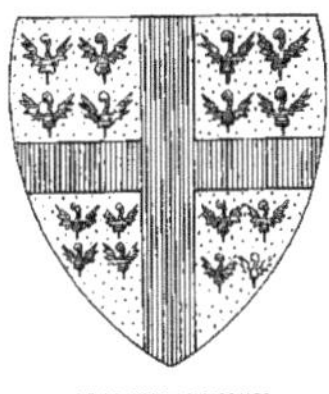
MONTMORENCY.

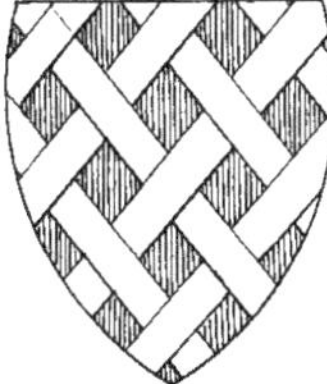
LA GRÉZILLE.

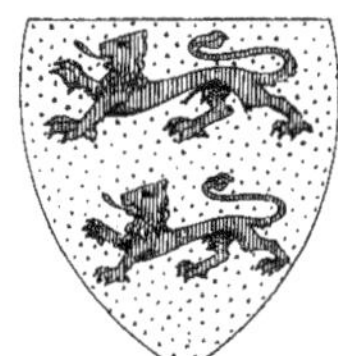
BLANCHEFORT.

Il appartenait à une très vieille famille qui prétendait même descendre des anciens comtes de Toulouse. Cette antique origine est plus que douteuse; mais les alliances contractées au moyen âge par divers membres de cette famille avec des filles des illustres maisons d'Amboise, de du Bellay, de la Chataigneraie, prouvent quel haut rang elle occupait dans la noblesse française. Charles Tiercelin était, en 1525, lieutenant de la compagnie de M. le duc d'Alençon, avec lequel il se trouva à la funeste journée de Pavie. Mais loin de suivre l'exemple de son chef qui se retira honteusement du champ de bataille, il se jeta dans la mêlée, alors que la victoire était déjà désespérée et qu'il ne restait plus à sauver que l'honneur, et fut fait prisonnier avec son Roi. Comme récompense de sa belle conduite, il reçut la moitié de la compagnie du duc d'Alençon, mort à Lyon de honte et de chagrin, et fut peu de temps après nommé chevalier de l'Ordre. Onze ans plus tard, en 1536, il prend part à la brillante défense de Fossano, avec Montpezat, seigneur du Fou et son voisin. Compris dans la capitulation si honorable de la garnison de Fossano, il fut traité avec distinction par Charles-Quint, qui lui fit plusieurs fois l'honneur de l'entretenir et auquel il adressa des réponses que l'histoire a conservées, celle-ci entre autres: comme l'empereur lui demandait combien il y avait de journées de Fossano à Paris : « *que si par journées il entendait des batailles, il en trouverait* « *plus de douze, si l'agresseur n'avait la tête rompue à la première.* »

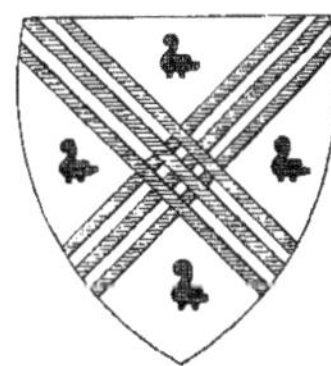
TIERCELIN.

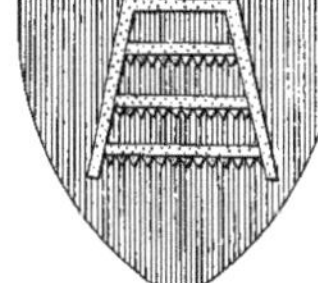
APPELVOISIN.

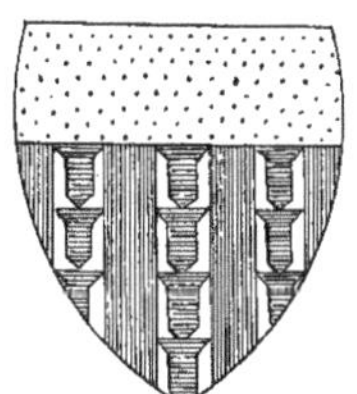
CHASTILLON.

Il contribua, avec Montpezat et d'autres vaillants capitaines, à la vigoureuse défense de Marseille, devant laquelle vint échouer la fortune de Charles-Quint. On le retrouve en 1557, plus que sexagénaire, à la désastreuse bataille de Saint-Quentin, où, malgré son âge, il combattit jusqu'au dernier moment, en compagnie de son fils qui fut tué à ses côtés. Il ne se rendit qu'après avoir vu tomber ce dernier rejeton mâle de sa vaillante race. Brantôme (1) nous le montre, environ dix ans plus tard, à la cour d'Amboise « *fort bien habillé, moitié à la vieille française,*

(1) *Vies des hommes illustres et des grands capitaines françois*, article de M. de La Roche-du-Maine.

« moitié à la moderne, et avoit un bonnet d'escarlate avec des fers d'or à l'entour, et une belle enseigne, et le por-
» toit fort penchant sur l'oreille. »

Charles Tiercelin de la Roche-du-Maine mourut à l'âge d'environ soixante-quinze ans, le 2 juin 1569, dans son château de Chistré, qui était devenu sa résidence favorite et qu'il avait presque entièrement rebâti dans le style de la Renaissance. Comme beaucoup de nos grands seigneurs du seizième siècle, surtout parmi ceux qui avaient visité l'Italie, il avait le goût des belles constructions. C'est à lui qu'on doit le château de la Roche-du-Maine, dans la paroisse de Prinçay, situé sur les limites du Poitou et de la Touraine et dont les restes, encore considérables, ont, comme nous le dirons plus loin, beaucoup servi à la restauration ou plutôt à la réfection de celui de Chistré.

Outre son fils tué à la bataille de Saint-Quentin, il n'avait qu'une fille, Françoise Tiercelin de la Roche-du-Maine, mariée, en 1550, à François d'Appelvoisin, seigneur d'Appelvoisin, de Thiors, de la Loge-Fongereuse, qui devint chevalier de l'ordre du Roi et chambellan de François II. Charles Tiercelin fit son gendre lieutenant de sa compagnie d'ordonnance, et lui substitua tous ses biens, à la condition qu'il prendrait le nom et les armes de Tiercelin. François d'Appelvoisin, devenu ainsi propriétaire de Chistré, y mourut en 1584, ainsi qu'il résulte du passage suivant du *Journal* de Guillaume Le Riche : « *Messire François d'Appelvoisin, chevalier de l'ordre du Roi, décéda en son château de Chistré, le 8me jour de may, l'an 1584, et fut son corps apporté et enserely en l'église d'Absie, en Gastines, le 16me jour du dit moy et an* » (1).

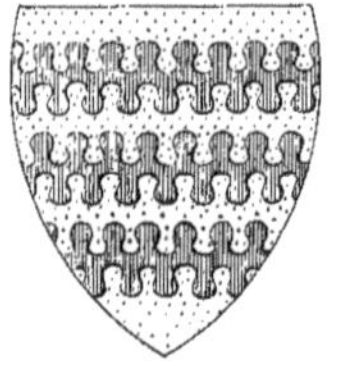
MAILLÉ-KARMAN.

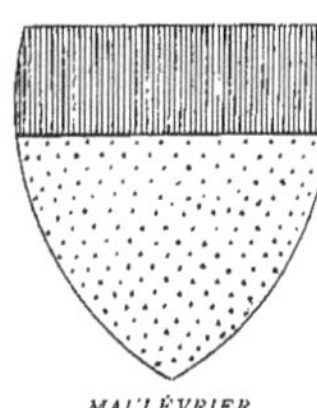
MAULÉVRIER.

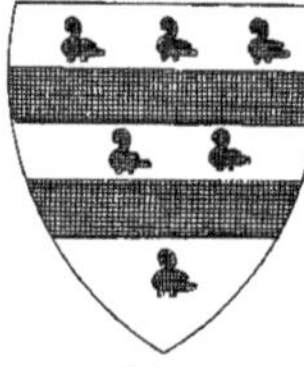
TOUCHIMBERT.

Son fils, Charles Tiercelin d'Appelvoisin, chevalier de l'ordre du Roi, gentilhomme ordinaire de sa chambre, seigneur dudit lieu d'Appelvoisin et de Chistré, baron de la Roche-du-Maine, etc., épousa, du vivant de son père, au mois de mai 1581, Claude de Chastillon, fille de Claude de Chastillon, baron d'Argenton, et de Renée de Sanglier. Il était mort en 1600, laissant de son mariage deux fils et une fille, Françoise, à laquelle échut la seigneurie de Chistré : mariée deux fois : la première, à Jacques de Beaumont, seigneur de la Jarrie, la seconde, à René de Saint-Offange, elle n'eut point d'enfants, et Chistré fit retour à son frère Charles.

Charles Tiercelin d'Appelvoisin, marquis de la Roche-du-Maine, était gentilhomme ordinaire de la chambre du Roi. C'est lui qui, vers le milieu du xviie siècle, réunit à la seigneurie de Chistré celle du Fou, qui n'en était séparée que par la Vienne. Il épousa Catherine Dupré, et en eut pour fils :

Charles Tiercelin d'Appelvoisin, marquis de la Roche-du-Maine, seigneur de Chistré, le Fou, etc. Il épousa en 1673, Marie-Anne de Maillé-Karman, fille de Donatien, marquis de Maillé-Karman, et de Mauricette de Plœuc. Il mourut en 1694, laissant :

Charles-Bernard-Donatien Tiercelin d'Appelvoisin, marquis de la Roche-du-Maine, seigneur de Chistré, le Fou, etc. Né en 1676, il se maria deux fois : en premières noces, le 5 janvier 1707, avec Marie-Anne Guitton de Maulévrier, et en secondes noces, le 13 septembre 1714, avec Diane Prevost Sansac de Touchimbert, fille de Casimir, chevalier, seigneur de Lillo, Londigny, etc., veuve de Simon Dreux, écuyer, seigneur d'Aigné. Du premier lit vint :

Charles-Auguste Tiercelin d'Appelvoisin, marquis de la Roche-du-Maine, seigneur de Chistré, le Fou, etc. Il épousa en 1739, Marie-Suzanne de Bourdeilles-Matha, dont naquit :

Charles-Gabriel-René Tiercelin d'Appelvoisin, marquis de la Roche-du-Maine, seigneur de Chistré, le Fou, etc. Marié le 7 janvier 1766, à Louise-Félicité-Adélaïde Chaspoux de Verneuil, il commandait à Reims, au sacre de Louis XVI, la compagnie de chevau-légers de la garde du Roi. Brigadier de cavalerie en 1780, il fit partie, en 1787, de l'assemblée provinciale du Poitou, et assista, en 1789, à la réunion des nobles de cette province, où il fut

(1) *Mémoires de la Société de Statistique des Deux-Sèvres*, année 1879, p. 170.

nommé premier suppléant de l'ordre de la noblesse aux états généraux. Après la retraite de M. de Luxembourg, premier député, M. de la Roche-du-Maine, ne s'étant pas rendu à Paris, ne fit point partie de la députation du Poitou. Arrêté pour son dévouement à la cause royale, il fut guillotiné à Paris, en 1793. La sentence, signée Fouquier, est du 17 messidor an II.

Il laissa trois filles :

1° Charlotte-Aglaé, qui épousa, en 1795, EUSÈBE DE BARNE-SAINT-ÉTIENNE, comte de Saint-Sernin, auquel elle apporta Chistré ;

2° Jeanne-Charlotte-Félicité-Élisabeth, mariée à Thibaud de la Brousse, marquis de Verteillac, et qui eut le Fou ;

3° Une troisième fille mourut fort jeune à l'Abbaye-au-Bois, pendant la Terreur.

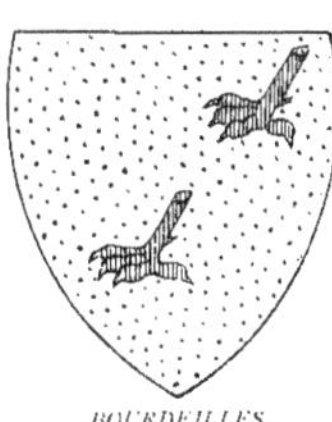

BOURDEILLES.

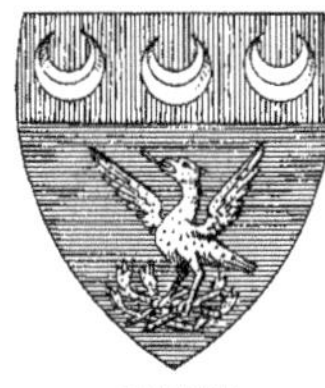

VERNEUIL.

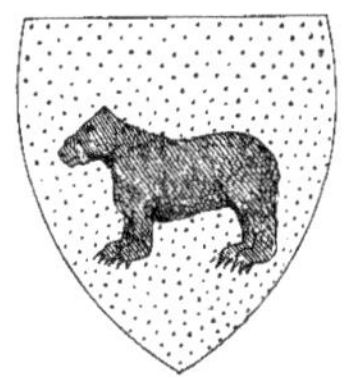

SAINT-SERNIN.

Le comte de Saint-Sernin eut, entre autres enfants, une fille, Louise-Gabrielle, qui épousa, le 11 novembre 1823, Charles-François-Marie-Adrien DE CROZET, marquis de Cumignat ; le roi Louis XVIII et le comte d'Artois signèrent à son contrat de mariage.

C'est encore par une fille des précédents que Chistré passa au comte CHARLES DE BOUILLÉ qui, en décembre 1854, vendit les restes de la terre et du château à M. EDMOND TREUILLE.

Le fils de ce dernier, M. RAOUL TREUILLE, devenu propriétaire à la fin de 1869, a, conjointement avec sa femme, née Darblay, très intelligemment et très généreusement rendu au vieux manoir du XVIᵉ siècle son ancienne splendeur.

DE CROZET.

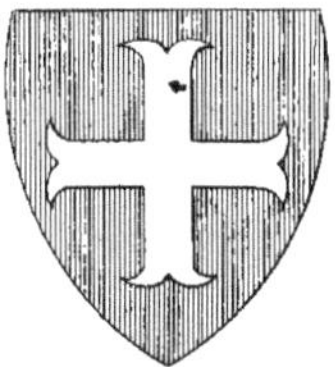

BOUILLÉ.

La seigneurie de Chistré était considérable : elle avait le titre de châtellenie, avec les droits de haute, moyenne et basse justice, s'étendant sur plusieurs paroisses. Pour la plus grande partie, elle relevait du château de Chauvigny, appartenant aux évêques de Poitiers, au devoir de quarante livres à chaque mutation d'évêque ; le reste mouvait de la châtellenie de Monthoiron.

Un aveu, rendu en 1309 par Jeanne de Chistré, la dernière héritière de la vieille famille de ce nom, donne une idée de l'importance de la seigneurie à cette époque reculée. En voici le texte :

8 avril 1309.

Dominus de Chistre est homo ligius, prout continetur inferius.

Memoriaus est que je Johanne de Chistré avoe à tenir à hommage lige de redobté père en nostre signor, l'evesque de Poytiers, à XL livres, en la venue quand il vient nouvel evesque tant solement, c'est assavoir : la tour de Chistré, et le hebergement o les appartenances de celuy, o toute justice, haute et basse, en la terre de Chistré, de Savigné, de Rives, de Vounuyl et en terroer de Chistré et en aucuns leus à Prinçai et à Maillet, einsi comme mes predecesseurs le souloient tenir et explecter ; ensemblement en mon molin et en m'escluse, en flueve de Vienne, et ensemblement la pescherie de la dite esgue, et les escluses, et les bouchaus, et les rivières de la dite esgue, appartenans à moy et à ceux qui de moy les tienent. — Item, toutes mes terres, toutes mes constures et les arbres estans dedens, et mon clos et plusours autres vignes et le colombier, et plusours autres terres et vignes que ay, en terroer ou en terroers dessusdiz. — Item mon charrau et colombier et les landes appartenans à celuy charrau, et les boys Guillaume et le boys de Mainferme, et les pasturages, et les guarennes, à grosses bêtes et à menues, o la maison de la Vau et tous mes prez que je ay à Chitré et à Savigné, tant de ça la Vienne comme de là, et l'etanc de Savigné, ensemblement o les appartenances de celuy etanc. — Item, toutes les choses que je ay à Vauguylle, de la paroisse d'Archiné et de Avaylle, de Prinçay de Saint-Cerdre, de Vounuyl, soient en terre et en vignes, ou en prez, ou en boys, ou en cens, ou en maisons, ou en rentes, ou en chapons, ou en gelines, ou en desmes, ou en terrages, ou en terroers, ou en autres choses estans es leus dessusdiz.

Vient ensuite une longue énumération, sans intérêt, des hommages liges et des choses que tiennent de Jeanne de Chistré plusieurs particuliers, à Chistré, Vouneuil et lieux circonvoisins. A la fin est écrit :

« En tesmoing de la quele chose, je, Johanne dessus dite, en cestes présentes lettres, ay mis mon seel. Donné le mardi aprés Quasimodo, l'an de grace mil trois cens et nuef (1). »

Les principaux fiefs relevant de la châtellenie de Chistré étaient :

Le fief de Paradis, hommage lige au devoir de 23 livres 6 sous 8 deniers à muance de seigneur, et 15 sous de redevance annuelle, au jour de la Chandeleur, pour le *manger* de l'évêque de Poitiers. Ce fief, ainsi que la chapelle et le prieuré de Saint-Laurent de Chistré, furent échangés le 6 janvier 1408, par Charlot de la Tousche, seigneur de Marigny, qui reçut en contre-échange, de Lancelot Turpin, seigneur de Chistré, les moulin, port, écluse, dîme et pêcherie de Chistré;

Le fief de la Loge, hommage plein, 25 sous aux aides;

La dîme de Genest et la quatrième partie de la grande dîme de Mongamé, hommage lige, 40 sous aux aides;

Rudepère, 20 sous de devoir aux aides;

La Gastinalière, hommage lige, 5 sous aux aides.

Outre les droits de chasse et de pêche, mentionnés dans l'aveu de Jehanne de Chistré, les seigneurs de ce lieu avaient peu à peu obtenu dans les paroisses voisines toutes les prérogatives qui accompagnaient d'ordinaire la haute justice. Ainsi, par acte du 26 octobre 1528, le seigneur de Monthoiron leur accordait les droits de litres funéraires, armoiries, sépultures et autres, comme seigneurs hauts justiciers, fondateurs et patrons de l'église de Prinçay. En 1537, ils parvenaient à jouir des mêmes droits et prérogatives dans l'église de Vouneuil-sur-Vienne, conjointement avec les châtelains du Fou, qui jusqu'alors en étaient seuls en possession.

Au siècle suivant, c'est sur la demande du seigneur de Chistré, auquel s'était joint le curé de Vouneuil, que l'administrateur de l'évêché de Poitiers, Antoine Barberin, par ordonnance du 16 mars 1643, autorise la construction d'une église au lieu de Chistré, sous le vocable de saint Joseph, et pour l'usage des habitants de Vouneuil placés sur la rive droite de la Vienne, à condition que les intéressés fourniraient à toutes les charges, à l'entretien de l'église et à la subsistance du curé, dont la nomination appartiendrait au seigneur de Chistré.

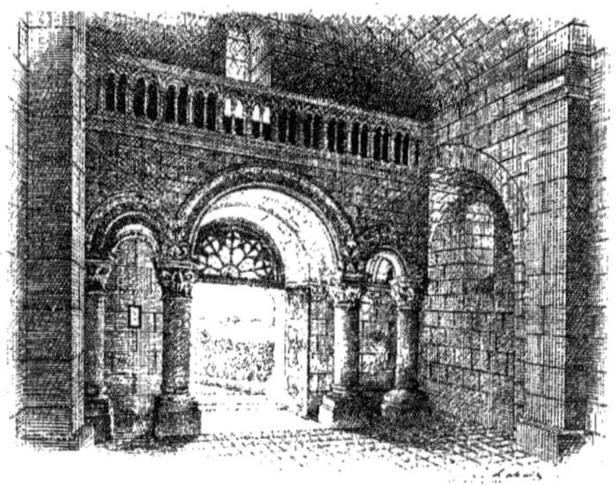

(1) Cartulaire de l'évêché de Poitiers, ou Grand-Gauthier, publié par M. Rédet, *Archives du Poitou*, t. X, p. 274 et suiv.

MONUMENTS

Il y a quelques années, le château de Chistré n'était qu'une belle ruine, pittoresquement plantée au sommet du coteau qui borde la rive droite de la Vienne, à peu près à la hauteur de Vouneuil. (Voir le dessin du frontispice.) Voici comment le décrivait M. de Longuemar :

« Tandis qu'au fond de la vaste enceinte, du côté du midi, on aperçoit à peine les débris du vieux donjon,
« dont les tours à demi rasées se cachent sous des massifs d'arbustes, d'épines et de ronces cramponnées aux

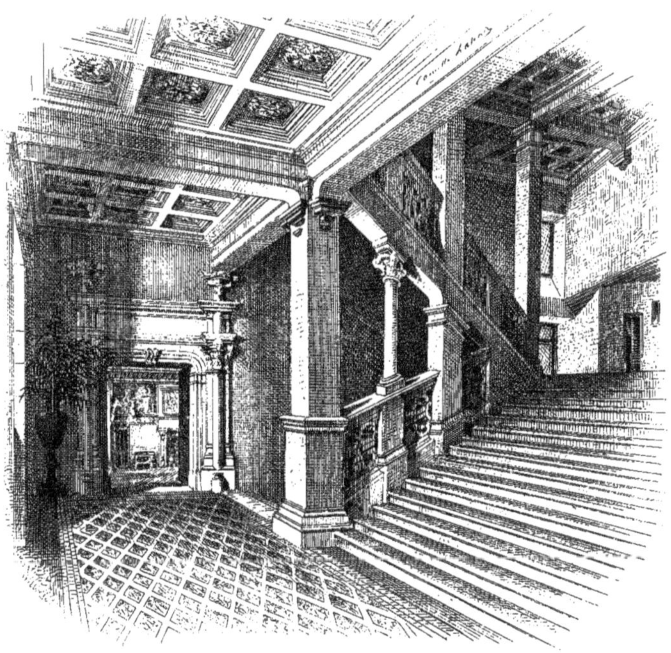

« décombres, au premier plan se dressent fièrement les hautes tours du moderne (relativement) donjon, couron-
» nées de leur diadème de mâchicoulis et reliées entre elles par de hautes courtines. Ces gigantesques constructions
« détachent sur le ciel une silhouette d'une hardiesse extraordinaire.

» Le triple étage de larges baies qui pourfendent sans ménagement et sans souci de leur solidité les murs
« élevés de l'édifice, contrastent de la manière la plus complète avec les ouvertures étroites pratiquées dans les
· murs épais du vieux donjon. On sent bien que les unes n'étaient destinées qu'à donner passage aux longues jave-

« lines et aux carreaux d'arbalète prêts à repousser les assaillants, tandis que les autres devaient laisser péné-« trer librement des flots de lumière dans les vastes salles du château moderne, meublées et décorées avec tout « le luxe de la Renaissance... Le vieux donjon paraît avoir été construit au XIIIe siècle, et le château *relativement* « moderne, au XVIe. Un large escalier, aujourd'hui effondré, et dont le ciel était orné de riches caissons ciselés, con-« duisait autrefois à l'appartement d'honneur du château, décoré avec tout le luxe de cette époque où régnèrent « les Jean Goujon et les Bernard Palissy. »

Ces ruines n'étaient pas seulement l'œuvre du temps : les hommes y avaient aidé et mis la main, comme il arrive le plus souvent. D'abord les seigneurs de Chistré devenus, au XVIIe siècle, propriétaires du Fou, avaient donné la préférence à leur nouvelle acquisition sur leur ancienne résidence, et abandonné Chistré pour s'établir au château du Fou. Ils ne se contentèrent pas de cet abandon : trouvant que l'entretien de Chistré était une charge inutile, ils firent enlever ses couvertures, ses charpentes et ses planchers, pour servir aux réparations de son rival préféré. Dès lors, le vieux manoir demeura exposé à toutes les intempéries. Pour hâter l'œuvre de destruction, la Révolution survint, et les habitants du voisinage se mirent à exploiter, comme dans une carrière, les belles pierres des tours et des murailles du XVIe siècle.

Chistré aurait sans doute fini par disparaître entièrement, si sa bonne étoile ne l'avait fait tomber dans les mains de M. et de Mme Treuille. Laissant de côté la portion des ruines remontant au Moyen âge, sauf toutefois la chapelle, ils résolurent de relever le château bâti, au milieu du XVIe siècle, par Tiercelin de la Roche-du-Maine, et de lui rendre, autant que possible, sa physionomie première. Cette opération délicate était facilitée par l'existence de portions de murailles qui donnaient le plan de toute la partie inférieure du château, et même, aux deux extrémités, s'élevaient jusqu'à la hauteur du troisième étage.

Quant à la partie supérieure, qui était de beaucoup la plus ornementée, où l'on pouvait le mieux s'aban-donner à des fantaisies plus ou moins justifiées, M. et Mme Treuille ont eu la bonne pensée de s'aider constamment de moulages et de dessins pris au château de la Roche-du-Maine, dans la commune de Prinçay, encore subsistant en grande partie, et bâti, à peu près à la même époque que Chistré, par le même Tiercelin de la Roche-du-Maine. Ils ont trouvé dans leur architecte, M. l'abbé Brisacier, un digne exécuteur de leur pensée; il en est résulté une œuvre remarquable, qui est plus et mieux qu'un simple pastiche de la Renaissance. (Voir Pl. 1 et le dessin, page 3.)

Le château restauré offre en plan un parallélogramme allongé, de près de 40 mètres de façade, terminé à gauche par un donjon flanqué de trois tours rondes et surmonté d'une quatrième carrée qui domine tout le pays. A l'autre extrémité, un ancien donjon n'a été relevé qu'en partie. Des quatre tours qu'il comptait, deux seulement ont été reprises depuis la base; les deux autres, découronnées et à demi rasées, sont couvertes d'arbres, d'arbustes et de fleurs, constituant une sorte de plate-forme où l'on accède par des sentiers tournants du plus agréable effet (voir Pl. 3); sous cette plate-forme règne une vaste salle percée de deux grandes portes-fenêtres aux profondes em-brasures, et où se voit une belle voûte ogivale.

La porte, ouverte comme autrefois au ras du sol, est également, comme jadis, placée non au milieu, mais près d'une des extrémités de la façade principale. Elle est, ainsi que les ouvertures des étages inférieurs, sobrement ornée. Selon la bonne tradition de la Renaissance, on a réservé, pour la partie supérieure, toutes les splendeurs et toutes les magnificences de la décoration. Le riche entablement qui règne sous le bord du toit, et les lucarnes qui s'élèvent à plus de sept mètres, ont été copiés avec leurs niches, pinacles et figurines, sur ceux du château de la Roche-du-Maine, qui subsiste encore en grande partie dans la commune de Prinçay, canton de Monts, arrondisse-ment de Loudun.

La porte donne accès à un escalier monumental (voir le dessin page 9) dont les marches, d'un seul bloc, se déploient en travées parallèles séparées par de larges paliers. La voûte est ornée de caissons sculptés; la rampe, en pierre, et les piliers, sont richement travaillés, d'après des fragments trouvés dans les décombres. Cet escalier conduit à l'ancienne salle seigneuriale, dont les vastes dimensions ont été conservées, 14m50 sur 8m50. Au fond, se dresse la belle et curieuse cheminée qui avait survécu à la ruine du château, et qui, après avoir été trans-portée à Poitiers, au musée de la Société des Antiquaires de l'Ouest, a pu être rétablie dans sa place primitive. Elle est en pierre très blanche et offre, dans sa partie supérieure, une scène de chasse profondément fouillée. Au premier plan, un beau cerf, à demi couché au milieu d'un parc, dressant sa jolie tête, semble réveillé par le bruit du cor. On voit, en effet, à l'arrière-plan, sortir d'un château, un seigneur accompagné de chiens et de piqueurs. Une biche, à demi cachée sous le couvert des arbres du parc, s'apprête à fuir; les oiseaux, également effarouchés, s'envolent de tous côtés. L'idée est ingénieuse, mais l'exécution laisse à désirer, et, bien que cette sculpture porte la date de 1557, qui est très probablement celle de l'achèvement du château, on y cherche vainement l'élégance de dessin et la délicatesse de ciseau qui distinguent cette époque. (Voir Pl. 2.)

Le grand cerf porte au cou les armes des seigneurs du lieu, savoir : au 1, d'argent à deux tierces d'azur, accompagnées de quatre merlettes de sable, qui est de Tiercelin; au 2, losangé d'or et de gueules, qui est de Turpin. Douze têtes de cerf et de biche, qui sortent de la muraille tout autour de la salle, sont également ornées de colliers où pendent des écussons à ces mêmes armes, ainsi qu'à celles d'Appelvoisin : de gueules à une herse d'or de trois traits. Des devises galantes sont gravées sur les rubans qui supportent les écussons.

Le plafond de cette salle est formé de magnifiques poutres apparentes ornées de peintures, et le dallage est une mosaïque composée d'une infinité de petits carreaux émaillés, dont les semblables ont été trouvés dans les ruines du château. La plupart des autres appartements sont dallés de la même façon.

Un couloir pratiqué dans un mur de 2 mètres d'épaisseur conduit à la tribune de la chapelle, qui est une addition moderne faite à cet édifice religieux, dont les parties principales subsistaient encore, et auquel on a conservé ou rendu sa physionomie romane. (Voir Pl. 3 et le dessin de la page 8.)

Si l'on monte au premier étage par l'escalier d'honneur, on rencontre, donnant accès dans toutes les chambres, qui sont vastes et éclairées par des croisées à meneaux de pierre avec vitraux de couleur, un large couloir, où l'on est forcé de voir une concession faite, dans la restauration, aux exigences de la vie moderne; mais s'en plaindre serait se montrer bien rigoureux.

Des escaliers en spirale, desservant les différents étages, permettent d'arriver sur la terrasse du midi, et même sur la tour du Guet, qui est très probablement, elle aussi, une addition à la construction primitive; mais on ne saurait le regretter, non plus que la légère fatigue causée par cette dernière ascension. La magnifique vue qui se déploie devant vos yeux vous dédommage complètement. A vos pieds étincelle la Vienne sous son berceau de peupliers; au delà, se dressent le château du Fou, la tour de Beaumont, le château de Baudiment; puis apparaissent, à droite, la tour d'Oiré, le château de Targé, la ville de Châtellerault au delà du confluent de la Vienne et du Clain; à gauche, la forêt de Moulière couronne l'horizon et cache Poitiers; en arrière, sur le plateau, s'étendent jusqu'à Pleumartin les bois de Chistré et de la Foye.

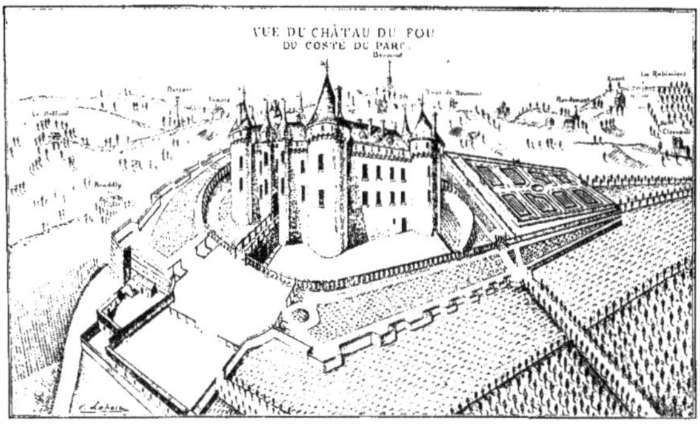

Sous le château sont de nombreux souterrains, en grande partie comblés, qui s'étendent dans toutes les directions, parfois à quelques kilomètres, et devaient déboucher dans les bois environnants.

Dans le parc de Chistré, que les anciens du pays appellent Bois-Charraud, existent encore, dit M. l'abbé Lalanne, les ruines de vieilles constructions renfermées de fossés. Selon les uns, ce sont les débris d'un château; d'autres, au contraire, affirment que là s'élevait autrefois l'abbaye du Mont-Charraud, et, pour accréditer leur opinion, ils racontent que souvent, au milieu des ténèbres de la nuit, des voyageurs attardés ont vu des spectres de moines en robes blanches se promenant processionnellement sur les débris du vieux monastère.

Malheureusement pour les amateurs de légendes, il n'est fait mention nulle part, dans les documents poitevins, d'une abbaye de ce nom. Il faut même noter que, dans la vieille langue de cette province, le mot *charraud* signifie une grange; et si l'on considère que, dans l'aveu de 1309, rapporté plus haut, Jeanne de Chistré dit tenir de l'évêque de Poitiers *son charrau et colombier et les landes appartennant à celuy charrau*, on sera bien porté à penser que ces ruines, perdues au milieu des bois, sont tout simplement celles d'une vaste grange dîmeresse. Ces édifices atteignaient quelquefois des proportions considérables, ainsi qu'en témoigne la grange de Meslay, encore debout dans la commune de Parcay-Meslay (Indre-et-Loire). Cette opinion prête sans doute moins à la poésie que celle généralement accréditée dans le pays, mais nous la croyons beaucoup plus près de la vérité. Des fouilles faites sur les lieux pourraient aider à l'éclaircissement de la question.

CHATEAU DU FOU

HISTOIRE — SEIGNEURS DU FOU

Le nom du Fou ne paraît qu'au milieu de la seconde moitié du xve siècle. Antérieurement, cette localité s'appelait Armenteresse ou la Menteresse : *decima d'Armenterece*, vers 1250; fié d'Armenteresse, 1326: Jehan Salmon, chevalier, seigneur d'Armenteresse, 1433; Le Fou, *alias* la Menteresse, 1500. Elle doit son nom actuel à Yves ou Yvon du Fou, conseiller et chambellan de Louis XI, qui y fit construire le château encore debout aujourd'hui.

La maison du Fou, anciennement du Faou, de *Fagus*, hêtre, était originaire de la paroisse du Fou, en l'évêché de Cornouailles en Bretagne. Elle portait d'azur à une fleur de lis d'or et deux éperviers affrontés d'argent, bequés et membrés d'or.

En 1426, vivait Jacob du Fou, seigneur de Lezat et de Rustephan. Il eut trois fils, qui tous trois quittèrent la Bretagne pour passer au service du roi Louis XI, auprès duquel ils firent une brillante fortune :

1° Yves, qui continua la postérité et sur lequel nous reviendrons;

2° Raoul, abbé de Noyers en Touraine, 1470-1486: évêque d'Angoulême, puis d'Évreux, mort en 1501;

3° Jean, seigneur de Rostrenen, conseiller et chambellan du roi, bailli et gouverneur de Touraine, 1480-1484; grand échanson de France.

Yves, qui nous intéresse particulièrement, était, comme son frère Jean, conseiller et chambellan de Louis XI. On le trouve, dès 1462, capitaine de la ville et du château de Luzignan: il est capitaine de Cherbourg en 1464, grand veneur de France en 1472, lieutenant général de l'armée envoyée, en 1474, pour réduire le Roussillon et la Cerdagne; la même année, il est chargé, avec Pierre de Rohan, seigneur de Gié, et Imbert de Bastarnay, de châtier la rébellion de la ville de Bourges; gouverneur du Dauphiné en 1475; général réformateur des eaux et forêts du pays de Poitou en 1478; sénéchal de Poitou en 1480; bailli de Touraine en 1484, il meurt le 2 août 1488.

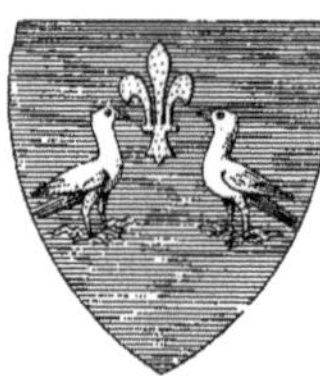

YVES DU FOU.

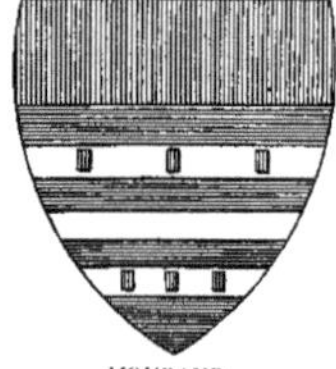

MOURAUD.

Yves du Fou était devenu propriétaire de l'Armenteresse, qui n'était probablement qu'un médiocre fief dépendant de la seigneurie voisine de la Flotte, par son mariage, vers 1465, avec Anne Mouraude, d'une ancienne famille du Poitou, fille de Jean Mouraud ou Mourault, maire de Poitiers, en 1461, pour la cinquième fois, et de Jeanne Larchère, dont la famille avait également donné des maires à la ville de Poitiers au xve siècle. C'était là, pour le gentilhomme breton, un riche mariage, auquel ne fut peut-être pas étranger le roi Louis XI, qui aimait assez à récompenser de cette façon, pour lui peu onéreuse, les services qu'on lui rendait. Témoins, le mariage du sire de Bastarnay avec Georgette de Montchenu, dame de Montrésor, et même celui de Jean du Fou, frère cadet d'Yves, avec Jeanne de la Rochefoucault, héritière des belles terres de Montbazon, de Sainte-Maure et de Nouastre.

Jeanne Mouraude apporta à son mari les seigneuries de la Roche et des Touches de Lezay, en bas Poitou, et celle de la Flotte, paroisse de Saint-Cyr en Châtelleraudais, pour laquelle Jean Mouraud rendit aveu au nom de Jeanne Larchère, sa femme, de 1434 à 1456.

C'est peu de temps après son mariage qu'Yves du Fou fit construire dans la paroisse de Vouneuil-sur-Vienne, limitrophe de celle de Saint-Cyr, et sur l'ancien fief de l'Armenteresse, le château qui porte son nom. Il devait être fort avancé, sinon terminé en 1470, puisque nous voyons, à cette date, Yves du Fou obtenir du roi de substituer son propre nom à celui de l'Armenteresse. Nous n'avons pas les lettres patentes de Louis XI, mais elles sont mentionnées de la façon suivante, p. 68 de la *Réformation des eaux et forêts du Poitou* : « *Lettres de Louis XI* « *registrées où besoin a été, par lesquelles il change le nom du château de l'Armenteresse en celui du Fou, du* « *mois de mai 1470.* »

Des actes authentiques viennent prouver l'exactitude de cette énonciation : en effet, dans des aveux rendus au seigneur de La Barre-Pouvreau, les 5 janvier et 7 mars 1469 (1470, n. s.) (1), nous voyons Yves du Fou qualifié seigneur de la Rementeresse, tandis qu'en 1474 il a le titre de seigneur du Fou, notamment dans l'aveu rendu par lui, le 15 novembre, de la terre de la Flotte à Charles d'Anjou, roi de Sicile, vicomte de Châtellerault; la mutation de nom a donc eu lieu entre ces deux dates.

Sa femme, Anne Mouraude, était morte en 1479; car, le 20 septembre de cette année, Yvon, seigneur du Fou, chevalier, conseiller, chambellan du roi, grand-veneur de France, tant en son nom quecomme loyal administrateur des biens des enfants de lui et de feue Anne Mouraude, rend aveu à la dame de La Barre-Pouvreau pour les hébergements de La Roche, La Boucherie, etc. (2).

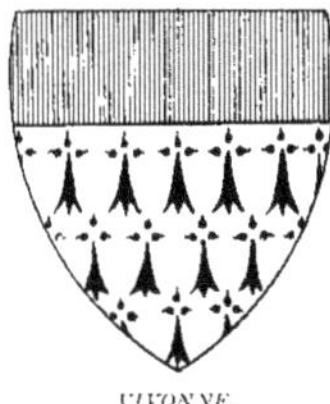
VIVONNE.

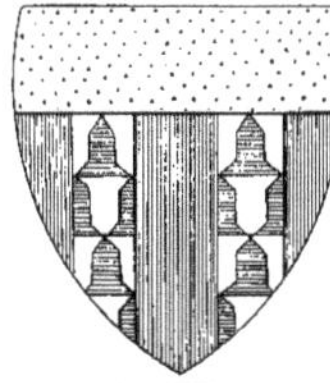
D'ARCHIAC.

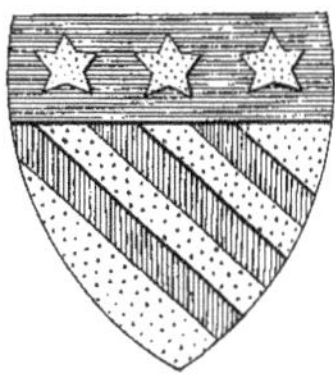
MONTPEZAT.

Il contracta un second mariage avec Catherine de Vivonne, fille de Germain de Vivonne, seigneur d'Amville, et de Marguerite de Brosse. Catherine, devenue veuve en 1488, se remaria avec Amanieu de Comborn, le 27 janvier 1489.

Yvon du Fou eut, de sa première femme :

1° Jacques, qui hérita du château du Fou;

2° François, auteur de la branche du Vigean;

3° Hélette, qui épousa, le 10 novembre 1482, François de Bourdeilles, chevalier, seigneur de Bourdeilles et de la Tour-Blanche, en Périgord.

JACQUES DU FOU, seigneur du Fou en Poitou et du Préau en Quercy, était, avec son frère François, sous la tutelle de l'évêque d'Évreux leur oncle, au mois de décembre 1488 (3). Il fut, le 9 juin 1498, confirmé, par le roi Louis XII, maître particulier des eaux et forêts en Poitou, en considération des services rendus au roi Charles VIII qu'il avait suivi à Naples. En 1512, il était chargé, avec son voisin Pierre de Neuchèze, seigneur de Baudiment, de la levée des milices en Guyenne et en Poitou. Nommé maître d'hôtel ordinaire du roi en 1514, il mourait en 1526.

Jacques du Fou avait épousé Jeanne d'Archiac, dont il n'eut que deux filles :

1° Françoise, qui fut la première femme de Jean, seigneur de Hautefort;

2° Helyette ou Lyette qui suit.

Helyette épousa, du vivant de son père, par contrat du 26 décembre 1521, ANTOINE DE LETTES, seigneur des PREZ et de MONTPEZAT, gentilhomme ordinaire de la chambre du roi. Ce mariage fit passer la seigneurie du Fou dans la maison des Prez de Montpezat. Brantôme commet, à ce sujet, une singulière erreur. Parlant d'Antoine de Lettes de Montpezat, il écrit :

« *Le Roy, au retour de sa prison (1526), passant par le Poitou, luy fit espouser la demoiselle du Fou,* « *cousine germaine de mon père, riche héritière pour le temps, car elle avoit dix mille livres de rentes, et en* « *belles maisons* (4). »

Si François Ier fit faire ce mariage, dont le contrat est du 26 décembre 1521, il est bien clair que ce ne fut pas au retour de sa captivité de Madrid, en 1526, et pour récompenser Montpezat des services qu'il en avait reçus

(1) *Inventaire analytique des Archives du château de La Barre* par A. Richard, archiviste de la Vienne, t. II, p. 86 et 224.
(2) *Inventaire des Archives du château de La Barre*, t. II, p. 66, 83, 224.
(3) Ibid., t. II, p. 83 et 86.
(4) Brantôme. *Vies des hommes illustres et des grands capitaines françois*, discours XVI, art. de M. de Montpezat.

après la bataille de Pavie et en Espagne. C'est là une preuve, entre tant d'autres, que le père Anselme a grandement raison lorsqu'il recommande de lire les mémoires de Brantôme *avec précaution*.

Le nouveau seigneur du Fou était d'une noble famille du Quercy, jusqu'à lui sans illustration. Écuyer tranchant de François Ier en 1516, début du règne, il devint, en 1520, gentilhomme de la chambre du roi. Fait prisonnier à la bataille de Pavie, sa rançon fut payée par François Ier auquel il tint compagnie pendant sa captivité et qui le chargea de diverses missions auprès de Charles-Quint; sans doute en récompense de ses services, il obtint la maîtrise des eaux et forêts du Poitou et la capitainerie de Montluçon. Après avoir figuré avec distinction au siège de Naples, en 1528, il fut, en 1532, envoyé comme ambassadeur en Angleterre; mais il se fit surtout remarquer en Italie, par la glorieuse défense de Fossano, place du Piémont assez médiocre, dans laquelle il résista pendant trente-deux jours à toutes les attaques des impériaux commandés par Antoine de Leyve, l'un des meilleurs généraux de Charles-Quint. Il en sortit, le 8 juillet 1536, avec tous les honneurs de la guerre. On le retrouve encore à la défense de Marseille et au siège de Perpignan; fait maréchal de France, le 13 mars 1544, il recevait enfin la juste récompense de ses longs et brillants services. Il ne devait pas jouir longtemps de cette haute dignité, car la mort le prenait au mois de novembre de la même année.

Sa veuve, qui donnait quittance le 15 septembre 1545 de partie des gages de son mari, comparut par procureur, comme dame du Fou, à la réformation de la coutume du Poitou en 1559.

De leur mariage naquit :

Melchior des Prez, seigneur de Montpezat, du Fou, etc. Il fut comme son père et son aïeul, maître des eaux et forêts en Poitou, et y joignit même la haute fonction de sénéchal de cette province. Il fut également chevalier de l'ordre du Roi et son lieutenant en Guyenne.

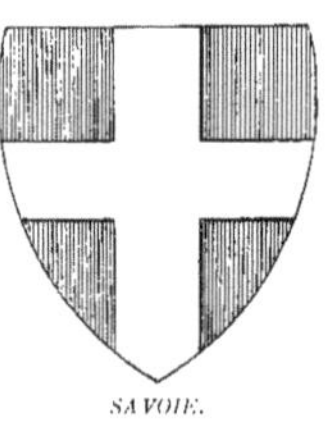

SAVOIE.

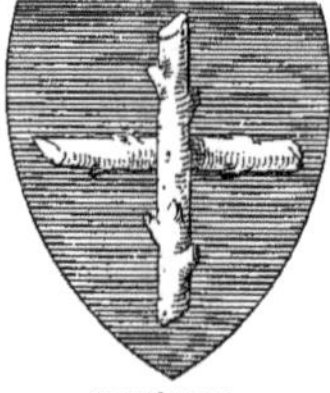

THOMASSIN.

Par contrat du 16 juin 1560, il épousa Henriette de Savoie, marquise de Villars, fille unique d'Honorat de Savoie, deuxième du nom, marquis de Villars, maréchal et amiral de France, et de Françoise de Foix, vicomtesse de Castillon. Après la mort de son mari, elle se remaria, le 22 juillet 1576, à Charles de Lorraine, duc de Mayenne, pair, amiral et grand chambellan de France.

De sa première union était né :

Emmanuel Philibert des Prez, marquis de Villars, seigneur du Fou. Nommé chevalier de l'ordre du Roi en 1618, il fut blessé au siège de Montauban, le 2 septembre 1621, et mourut peu de jours après sans postérité d'Éléonore Thomassin, fille de Renée Thomassin, seigneur de Montmartin.

Vers le milieu du XVIIe siècle, par suite de circonstances que nous n'avons pu éclaircir, le château du Fou entre dans la maison d'Appelvoisin de la Roche-du-Maine qui possédait déjà la seigneurie voisine de Chistré. Depuis cette époque jusqu'à la Révolution, les deux châteaux n'eurent qu'un même propriétaire et passèrent successivement aux héritiers de Charles Tiercelin d'Appelvoisin de la Roche-du-Maine, auteur de cette réunion. Nous en avons donné la filiation et les alliances dans la partie de cette étude consacrée au château de Chistré; nous nous contenterons de les énumérer ici. Ce sont :

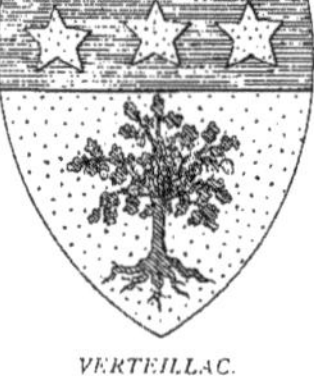

VERTEILLAC.

Charles Tiercelin d'Appelvoisin, marquis de la Roche-du-Maine, mort en 1694;

Charles-Bernard-Donatien, marié deux fois, en 1707 et en 1714;

Charles-Auguste, marié en 1739;

Charles-Gabriel-René, marié en 1766 et guillotiné en 1793.

On a vu, à l'article de Chistré, que le Fou fut attribué à la seconde de ses filles, Jeanne-Charlotte-Félicité-Élisabeth, mariée, en 1823, à Thibaud de la Brousse, marquis de Verteillac. De ce mariage vinrent deux filles et un fils. Les filles furent, l'une la vicomtesse de Courcelles; l'autre, d'abord mariée à M. de Bourbon-Conti, fils naturel du dernier prince de Conti, épousa, en secondes noces, M. Sosthène de la Rochefoucauld, duc de Doudeauville.

Le fils, César-Augustin, marié d'abord à Mlle de Montalembert, n'en eut pas d'enfants, et se remaria à dame Marie-Henriette de Leuze, dont est née une fille, Marie-Henriette-Herminie, aujourd'hui princesse de Léon et future duchesse de Rohan.

Le noble manoir qui nous occupe n'est demeuré à aucune de ces grandes familles; il a été acquis, vers 1854, par M. le comte de Campagne, dont la veuve le possède actuellement.

Par des raisons qu'il est difficile d'apprécier aujourd'hui, les d'Appelvoisin, devenus propriétaires du Fou, le préférèrent à leur ancienne résidence de Chistré dont le château était cependant tout à la fois plus récent, d'une architecture plus élégante et d'une distribution mieux appropriée aux exigences de la vie moderne. Le dernier seigneur, Charles-Gabriel-René, alla même plus loin. Il obtint, en 1775, des lettres patentes du roi, portant union des fiefs du Fou, Chistré, Cenan, La Brosse, Cenon, Ternay, Chagon et La Flotte, pour ne former qu'une seule et même juridiction, dont l'exercice se tiendra audit lieu du Fou, sous un seul hommage qui sera fait au roi, à cause de son château de Châtellerault. C'était, pour ainsi dire, la consécration de la supériorité féodale du Fou sur son antique voisin. Mais il ne devait pas jouir longtemps de cette faveur, car bientôt la Révolution faisait disparaître toutes les juridictions féodales.

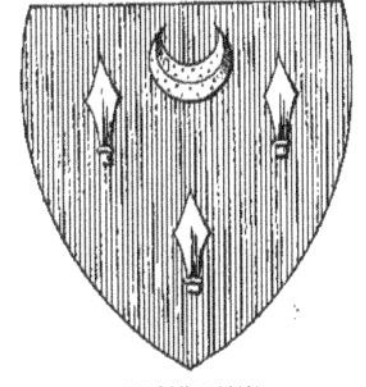

CAMPAGNE.

Celle du Fou, même avant la réunion de 1775, était considérable et s'étendait non seulement sur une notable partie de la paroisse de Vouneuil, mais encore dans plusieurs des paroisses voisines.

Le Fou avait droit de haute, moyenne et basse justice, et relevait féodalement du marquisat de Clairvaux.

MONUMENTS

Le château du Fou, placé sur une colline crayeuse, à gauche de la Vienne, se compose d'un gros corps de logis, aspecté au midi, avec deux ailes en retour d'équerre. Il est flanqué, aux angles, de fortes tours, sans parler de deux autres de moindre dimension, qui défendent l'entrée, percée dans l'aile orientale. Le tout est entouré de fossés larges et profonds, dont les parois, en belles pierres de taille, donnent tout à fait grand air à ce vieux manoir. Ces fossés, qui sont aujourd'hui transformés en jardins, et n'ont jamais dû recevoir beaucoup d'eau, forment le quadrilatère; on est donc porté à croire que la cour intérieure était également fermée par des bâtiments du côté du sud, aujourd'hui ouvert sur une agréable vallée, comme à Chaumont-sur-Loire, dont le plan général a de grandes analogies avec celui du Fou. Chaumont est un peu plus récent: mais tous deux appartiennent à l'époque où la haute noblesse française tend à convertir l'ancien château fort en une habitation de plaisance appropriée aux habitudes nées d'un nouvel état social.

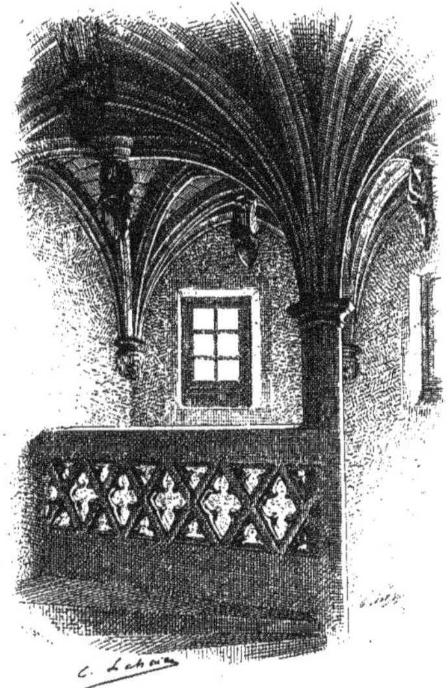

L'architecte avait à concilier les nécessités de la défense avec les exigences toujours croissantes de la vie domestique. Continuant l'ancienne tradition, il ne tint aucun compte des effets du canon, et ne songea à défendre sa forteresse que contre l'escalade. Aussi, les hautes et puissantes murailles, couronnées de créneaux à mâchicoulis et flanquées de tours, n'étaient-elles percées que d'une seule porte et d'étroites ouvertures inégalement distribuées sur les façades. A l'extérieur, tout annonçait une sévère forteresse: mais, à l'intérieur, l'aspect changeait: les ouvertures agrandies étaient régulièrement placées les unes au-dessus des autres, offrant, dans le dessin général, des lignes perpendiculaires.

tandis qu'au siècle précédent, lorsque, chose rare, elles étaient régulièrement disposées, elles formaient des bandes horizontales. Ceci s'applique surtout à ce qui a existé, car les ouvertures ont été multipliées et remaniées : les hautes lucarnes, qui devaient animer la toiture, aujourd'hui refaite et abaissée, ont entièrement disparu. Il en est de même du pont-levis, remplacé par un pont dormant ; son existence n'est plus attestée que par les profondes rainures creusées de chaque côté de la porte, entre les deux tours qui défendaient l'entrée. (Voir Pl. 4.) L'intérieur a été complètement remanié ; il ne reste plus rien des belles et hautes cheminées qui devaient orner la plupart des appartements. Par contre, la chapelle, qui se trouve dans l'angle formé par la jonction de l'aile orientale avec le corps de logis, est plus intacte et a conservé ses nervures prismatiques et sa tribune en pierre, à laquelle on accède par l'escalier principal, qui communique directement avec les différents étages du château. C'est une vis de belles et larges proportions dont le noyau s'épanouit au sommet en d'élégantes ramifications, ornées de pendentifs représentant des anges porteurs de blasons actuellement effacés. (Voir le dessin, page 15.)

En résumé, le Fou était autrefois une imposante habitation seigneuriale, conservant encore le caractère et les moyens de défense d'une forteresse, mais déjà mieux aérée et plus commode que les châteaux du siècle précédent. Aujourd'hui, avec les grands arbres qui l'entourent, d'où il semble émerger, c'est une très belle et très agréable résidence. (Voir le dessin, page 11 et la Planche 5.)

Le beau parc au milieu duquel s'élève le château renferme trois bornes milliaires de l'époque gallo-romaine, dont une surtout porte une inscription d'un haut intérêt, et qui a servi à M. de Longuemar pour fixer à 2,415 mètres la longueur de la lieue gauloise. Cette borne a été exhumée du cimetière de Cenon, localité gallo-romaine située au confluent de la Vienne et du Clain. Elle avait été, comme la plupart de celles qu'on a rencontrées au même lieu, creusée en forme d'auge, pour recevoir une sépulture chrétienne ; mais elle provenait de la voie romaine de Poitiers à Tours, dont il subsiste dans le voisinage de nombreuses traces.

IMPCAESARDIVIHA (1)
DRIANIFILDIVITRA
IANIPARTHICINE
POSDIVINERVAEPRO
NEPTAELHADRIA
NVSANTONINUS
AVGPIVSPMTRP
PP
LIM FIN
IX VII

Lecture : Imperator Cæsar divi Hadriani filius, divi Trajani Parthici nepos, divi Nervæ pronepos, Titus Ælius Hadrianus Antoninus Augustus pius, pontifex maximus, tribunitia protestate... pater patriæ, Limonum, IX, Fines, VII.

Les chiffres des années de la puissance tribunitienne qui manquent sur la pierre doivent, suivant une autre inscription, être III, ce qui répond à l'année 140.

On sait que les limites du Poitou et de la Touraine étaient alors à Ingrandes-sur-Vienne, désignée dans l'inscription par le mot *fines*, et que *Limonum* est Poitiers. Cette borne était donc placée à IX unités itinéraires de Poitiers et à VII d'Ingrandes. Or, en suivant la voie romaine, encore apparente en plusieurs endroits, on a, comme distance entre Poitiers et Ingrandes, 38,640 mètres qui, divisés par XVI, total des unités itinéraires IX et VII, portées sur l'inscription, donnent bien 2,415 mètres, c'est-à-dire la longueur de la lieue gauloise, déjà fixée à l'aide d'autres documents, par MM. de Saint-Ferjeux, Mesnard et Aurès. Cette modeste pierre est donc un monument précieux.

Ch. de GRANDMAISON,

Archiviste d'Indre-et-Loire, Membre de la Société des *Antiquaires de l'Ouest*.

(1) La première ligne et la lettre o soulignées manquent sur la pierre et sont restituées.

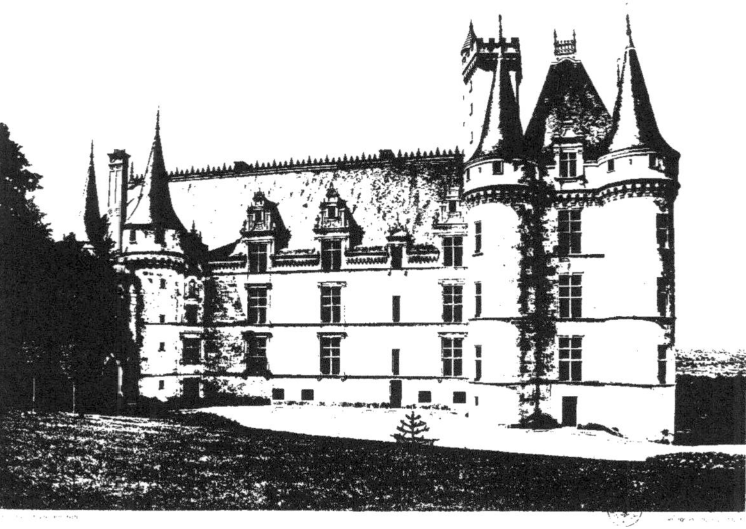

VOUNEUIL-SUR-VIENNE (VIENNE)

CHÂTEAU DE CHISTRÉ

Façade du Levant

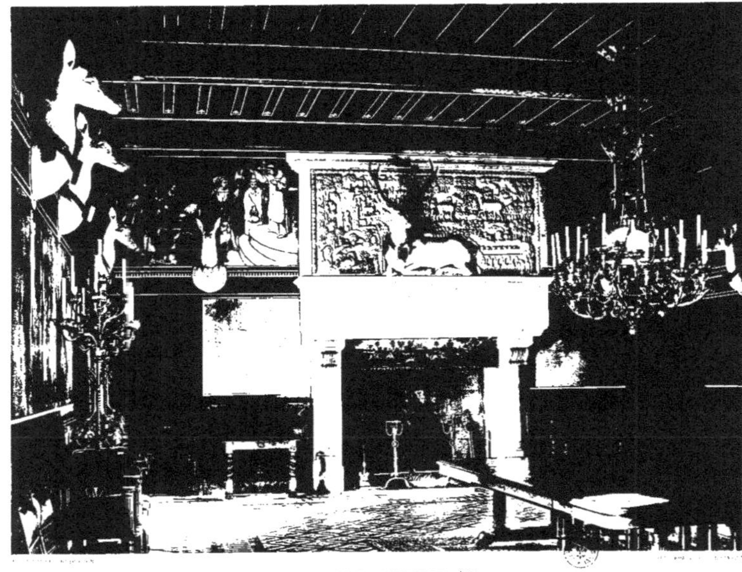

VOUNEUIL-SUR-VIENNE (VIENNE)

CHÂTEAU DE CHISTRÉ

Grand salon de réception des chasses.

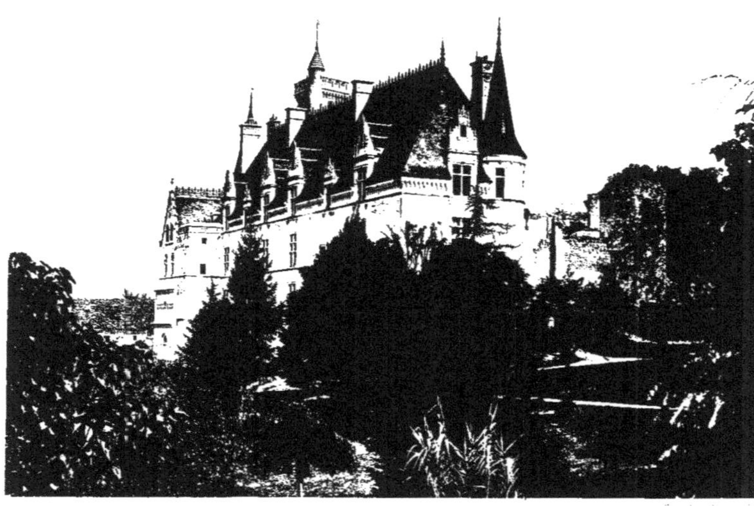

VOUNEUIL-SUR-VIENNE (VIENNE)

CHÂTEAU DE CHISTRÉ

La Chapelle et la façade Ouest.

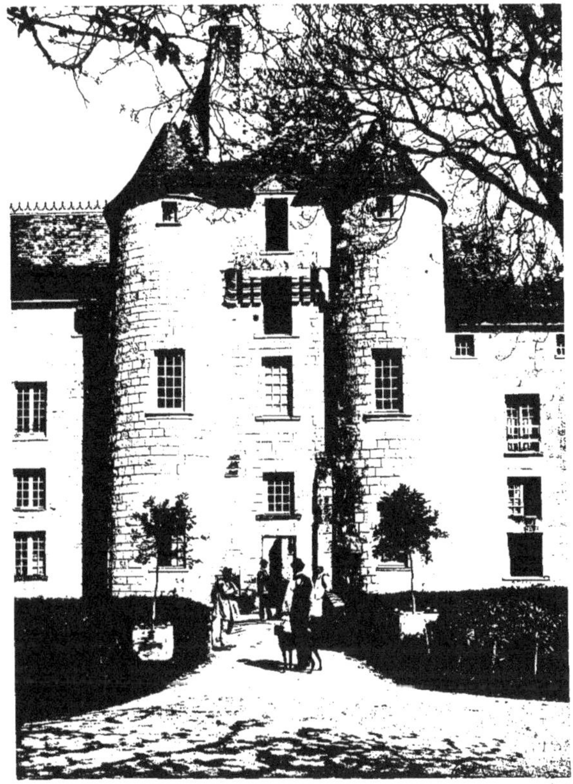

VOUNEUIL-SUR-VIENNE (VIENNE)

CHÂTEAU DU FOU

La porte d'entrée à l'Est.

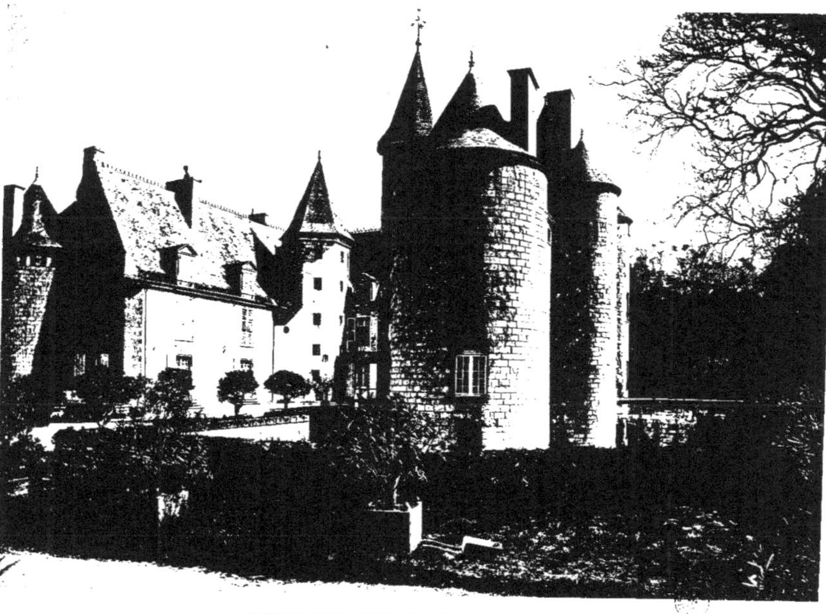

VOUNEUIL-SUR-VIENNE (VIENNE)

CHÂTEAU DU FOU

Vue prise sur la Terrasse au Sud

BONNEUIL-MATOURS (Vienne)

LE BOURG ET LE MOULIN

Vue prise de la Vienne en aval

www.ingramcontent.com/pod-product-compliance
Ingram Content Group UK Ltd.
Pitfield, Milton Keynes, MK11 3LW, UK
UKHW022000260726
13994UKWH00004B/1877

9 782329 469447